KHAWLA AIT ALLOU

Respire sous un masque

AF549130

KHAWLA AIT ALLOU

Respire sous un masque

Éditions Muse

Imprint

Any brand names and product names mentioned in this book are subject to trademark, brand or patent protection and are trademarks or registered trademarks of their respective holders. The use of brand names, product names, common names, trade names, product descriptions etc. even without a particular marking in this work is in no way to be construed to mean that such names may be regarded as unrestricted in respect of trademark and brand protection legislation and could thus be used by anyone.

Cover image: www.ingimage.com

Publisher:
Éditions Muse
is a trademark of
Dodo Books Indian Ocean Ltd. and OmniScriptum S.R.L publishing group

120 High Road, East Finchley, London, N2 9ED, United Kingdom
Str. Armeneasca 28/1, office 1, Chisinau MD-2012, Republic of Moldova, Europe
Printed at: see last page
ISBN: 978-620-4-96598-7

Copyright © KHAWLA AIT ALLOU
Copyright © 2023 Dodo Books Indian Ocean Ltd. and OmniScriptum S.R.L publishing group

MOHAMMED AIT ALLOU

Translation:

KHAWLA AIT ALLOU

"Respire sous un masque"

KHAWLA AIT ALLLOU

Poesie

* Masque respiratoire au temps de Corona...

L'ombre s'est figée derrière la porte de l'aube
Et mettre en quarantaine un infesté demain matin
Dans une solitude sans limite
La solitude a crié à un lendemain amer
De l'horreur de l'infection
Les deux sont loin
La solitude a crié à un lendemain amer
Avec des yeux qui négligent les larmes...

Et dans la voix d'une vieille
radio triste
Quant à ceux qui sont coincés
à l'aéroport...
Ceux qui sont enterrés dans le
silence
sans présence ni effet
Et à propos d'un homme de la
sécurité qui s'est accroupi,
suspect
Mettre sa tête entre ses paumes
Les cheveux gris de Vodouyeh
ont été écrits,
Et ses feux sont devenus plus
enflammés
Quand il a vu la catastrophe,

Le nombre de morts et de
blessés
Puis il est parti dans de longs
pleurs
Il était celui qui cherchait
l'amour pour le compléter
sous la forme d'un enfant
ou un poney sauvage
petit authentique
J'ai essayé d'installer une
voile...
Et sur une rue
Pas de bruit ou de
fonctionnalités
Et des cafés sans câlins ni
nostalgie

Pour le thé à la menthe et au
jasmin
Et le bâtard et le café ont
disparu
Quand les chaises sont parties
Et les tasses se sont cassées
Et à propos de la prochaine
mort
pandémie pandémie
pierre et isolation
Un vieux mur et un nouveau
Et un autre pas sur le point de
tomber
Le temps de l'épidémie et de
l'interdiction
Et la ville est une image de la
douleur des résidents

Quand la terre entière est
devenue une tragédie
Et à propos du costume blanc
Et un médecin au visage rouge
a versé deux larmes
Il a enlevé le museau en
soupirant
Il baissa timidement la tête
Il est tombé au sol et s'est
incliné
Puis il se leva,
Il n'a pas dit un mot
long soupir
Et j'ai marché sous la pluie à la
hâte
Personne n'a vu ses larmes...

Comme quelqu'un qui nie tout
ce qui est rapporté
Recommencer à zéro...
Les papillons de son cœur y
volaient
Où est la Lune...
A travers la vitre, il a vu les
visages des gens
Ils n'ont aucune
caractéristique...
Avant qu'ils ne remplissent
l'allée
Il les vit couler, puis tomber
un par un
Desserrer davantage sa cravate
Il regarda avec étonnement,
son cœur battant

Puis il s'est noyé dans l'odeur
de l'haleine
Et au bord de son humeur
capricieuse, la confusion
L'ombre s'enfuit sous ses pieds,
Il court
Il pense en marchant
A propos de l'horloge sur le
mur
Je me souviens de mon vieil
homme
Jamais perdu la foi dans les
moments difficiles,
Il avait l'habitude de dire :
Ô argile du désir, sois patient.

Notre monde est plus beau que nous ne l'imaginons et ne nous en souvenons
Je ferme les yeux sur ce que tu vois
Du haut de ton grand-père
Et tes folles humeurs
Fermez les yeux sur les décombres noirs
Et atterrir avec la justice
Après les mauvais moments...
Et la vieille radio envoie cette fois
Hymnes du Coran
A propos des fils d'argile
de ceux qui ont péri,

Et ils abandonnèrent leurs
âmes au Très Miséricordieux,
au Très Miséricordieux...
J'ai fermé les yeux, versé mes
larmes
J'aimerais pouvoir aller
jusqu'au bout
Et je prie pour ceux qui sont
allés sous la terre
Et les réponses à tous les cœurs
Et je plante un sourire d'espoir
je plante une rose
Mais la radio n'arrêtait pas de
pleurer
Le fils d'argile a pleuré devant
la certitude
Et le brouillard n'est pas parti

La terre entière tourne dans
l'orbite de Corona
je me contentais des actions
voir et entendre
Moi qui connaissais le secret
de la nuit profonde,
Et mon silence rebelle s'est
prolongé sans fin,
plie les âges,
ouvrir l'horizon
Et la mer ne guérit pas mon
manque,
Et les vagues sont comme des
montagnes, si le chemin est
bloqué.
J'ai gelé comme une ombre là-
bas

Devant la porte de l'aube
Deux yeux tristes
mais pleurer,
masque bleu
Et un autre blanc reprochant et
troublé
C'est comme se noyer dans un
marais
États d'anxiété
Et les saisons et les jours
lointains
Les yeux contributifs rient
enfin
Les ruelles et les chemins
migratoires y sont peints
Pendant ce temps, j'ai levé les
yeux vers le ciel

Et tu m'as cherché...
Et tu m'as vu malgré la pâleur
air frais..
Et quand tu souris
Il pleuvait
J'ai versé deux chaudes larmes
Accroché au masque
De la sévérité de la douleur
Puis j'ai goûté ma vie
Pour renforcer mon immunité
Je n'étais pas avant aujourd'hui
en train de profiter de la vie
Dans l'éclair du temps nihiliste,
Je me suis demandé, cette
époque est-elle morte ?
et prostré
Et la morosité s'est dissipée.

* **Bouge tes ailes**…!

-1-

Entre nous et ce qui est il y a

trop longtemps…!

lourde illusion, rêves muets,

Blessez-la avec la question de se

souvenir… !

Qu'est-ce qu'on a d'hier !?

Changez les cicatrices à l'arrière

du cœur… !

Du sel sur le visage, ça a durci,
et la voile a rempli les trous..!!
Bouge tes ailes, si tu peux,
Ô oiseau de vie,
bouge tes ailes... !
Et remplacez l'eau par le vent,
et remplacez la tristesse
et le silence,
Avec joie, avec indifférence et
avec un cri vierge,
Entre nous, et ceux qui
revendiquent leurs espoirs
sont lourds...!

Et les détails tuent nos journées
avec une controverse
ennuyeuse.
Alors séparez-vous maintenant,
et sortez sur un cheval sauvage,
Bien que les blessures saignent,
Ne vous découragez pas, peu
importe à quel point il se
précipite vers vous,
Hog les foules...!

– 2–

La poitrine est fatiguée,
la patience est rouillée,
Les valeurs se sont resserrées,
et la tristesse reste une alliée....!
Quand la tristesse ramassera-t-
elle ses restes et s'en ira-t-elle !?
Je suppose que je fais tourner
cette terre,
Je réveille mes continents
sous la terre,
Tisser pour les misérables,

les oreillers des rêves
Je surveille tous les badges
sur la plage...!
J'ai failli mourir seul,
devant mes pots,
Cependant, insistez
sur la persévérance !
Si sublime, alors fais
des mers et des mers !
Je deviendrai une gamme !!

-3-

Jamais les oiseaux n'ont atterri
ici, ni le troupeau passé !
Si le berger vient,
le garçon triste,
Et la blesser en chantant..!
Ou le nuage versera dans sa
pierre le chagrin, et le givre !
ou dépouillés d'ombres
par les vents,
Si un bûcheron la poursuit,
S'il le coupe en morceaux,
c'est le feu !

Vous pourriez être réconforté,

oublié et pardonné que..

J'ai à plusieurs reprises...,

sur (homme) !! Footpad...!

* **Bloqué**...!

Les mots sont-ils impuissants
Sous le masque...
Entre les lèvres et les globes
oculaires...!
Et les yeux dans la nuit des
coins étouffants
abdos enfoncés et soupirs
Et coincé...
Et les cœurs sur le Tout-
Puissant...
Nous avons brûlé des cahiers de
souvenirs

Et nous sommes devenus
vagues, cachés dans l'absence et
l'ennui
Et nos mots présents
chancelants impuissants
Et notre avant-dernier mot est
coincé

Nous sommes coincés ici
Et notre parole...
Nous voudrions que vous soyez
plein d'espoir
Nous aimerions que tu sois
meilleur

Oh nos bien-aimés..nous
sommes là
Nous sommes sur les balcons
coincé dangereux
Monstre Covid sous le choc
Entre rues, gares et aéroports...
et ça s'ouvre
artères mortes,
Des villes et des pays meurent
Les cadavres disparaissent,
Signes et signe
Qu'est-ce qu'on a maintenant !?
Changer les cicatrices
Entre nous et ceux qui
revendiquent leurs espoirs

Ils sont lourds…!
Les détails tuent nos journées.
avec des disputes sourdes,
Nous mourons presque
étrangers, prématurément,
Cependant, nous insistons sur
l'arrogance…!
Alors on s'élève, on fend des
mers et des mers d'espoirs…!
Fan fou !!
C'est notre avant-dernier mot…
Nous voudrions que vous soyez
plein d'espoir
Nous aimerions être meilleurs.

* Covid Monstre est une bête pandémique

Et quand nous nous sommes engagés
de force dans nos cages de roseaux,
L'histoire avait commencé
et ne s'était pas terminée

La tristesse a déchiré jusqu'aux artères
des cœurs les plus têtus
Covid Monstre est une bête
pandémique

traquer les âmes

Il prend ses revers et essuie le sol
avec elle

Nous recherchons un rideau de
protection

Puis nous nous sommes noyés dans
l'abîme du doute

et silencieux

La douleur du chirurgien s'est
prolongée

Chaque sens a son contraire

et sans autorisation

Puis nos ombres se sont étendues en
l'absence
Entre expiration, inspiration et
réfraction
Il n'y a plus rien comme nous
Il a entouré nos petites chambres
Une dimension et une grande pierre la
clôture
comme un siège

Nous sommes derrière les portes

Ni qui serre la main

Et la fatale solitude demande sans réponse
Et le pas gémissant ne part pas

paralysé depuis
Renier si nous ne nous accroupissons pas

Et le sourire a disparu sur le visage du pardon

J'ai raté les mariages

Impossible de poser des questions sur la saveur de notre café

Tout semblait s'ennuyer et s'aliéner

Nous regardons les murs rugueux

sans abri et mal à l'aise

Quand on va aux cahiers et aux
photos

Couvert d'une belle patience est la clé

Nous semions des graines
d'espoir en nous

Qu'il ravive le vent des ailes

Mais les arbres sont nus

Et les oiseaux ont coupé l'aile

ne pars pas..

Et les perspectives et les cris

Et les ruelles beuglent, hurlent, miaulent et aboient

Et le sifflement d'un adversaire qu'on ne voit pas comme des fantômes

Un ogre de la couronne détestable, un squatter

Une bactérie qui bondit et vous tue avec ses griffes

Comme un loup affamé dans le corps d'un mouton
L'incarnation du malheur

Ces carrés sont des espaces et des distances

Nouvelles et bulletins

Les blessés, les ressuscités et les morts

Funérailles et cimetières

Et les morts sont sans nombre

Nous attendons ici le vaccin

Les bouches sont vides

Et les nuages dans les yeux sont gris

Et le feu qui fait rage dans les lèvres

Sous le masque est visible

Et les cœurs de l'humanité sont confus

Aucune main ne tient la lampe

Villes, rues, chemins et gares

Jardins, cafés, ports et mers

Aéroports et gares

Et les ruelles sans passants

Et tous les gens

Personne ne traverse les murs

triste triste silence

Le soleil est froid et les lumières sont limitées

Les annonceurs sont fatigués

Leurs gorges ont été tranchées par les gémissements

Et les journaux sont comme un brouillon de nuit

et canaux,

Personne n'a les yeux clairs

Et le coeur poétique est mort

Et coincé, personne ne naviguera sur
un bateau
même au bout d'un moment

Ou à son moi transcendant de
certitude
alerte

Ils n'attendent plus leur droit à la
morphine

Leur force a diminué, ils ont eu faim

Nous sommes impuissants

Le monstre goule de Covid
nous traque

Il ouvre les artères

sans miséricorde

Courses les ombres qui se sont
retirées dans la foule

Et nous nous sommes retrouvés dans
le couloir vide sans oxygène

Il n'y a plus comme nous

Où la boue déteste la boue

Et après la conspiration primitive

Nous étions enveloppés dans une
belle patience la clé

nos bouches bâillonnées

Notre souffle est étouffé

Les morts sont sans nombre

Puis nous nous sommes noyés dans
l'abîme du doute

Ni celui qui lève l'affliction et les
blessures

Seul le Seigneur des mondes.

* Bizarre les nuits d'hiver!

Tu me prends la tête tous les soirs...
Tu es doué pour balancer le cœur,
orage de contes,
tu endures la poussière des distances,
Et ma solitude criant avec ta voix,
Il me réconforte dans les nuits
d'appréhension
L'invasion, la désertion...
Les palmiers et l'ombre sont plantés
en plein air
A lui je jure...
Je ferme les yeux, je rêve que ma
poitrine
L'enfant rayonnant, la tribu l'a renié...
pas digne d'allégeance,
Pas celui qui porte des médailles
Les cheveux...

Et comment ils chantent...
Nous savons combien vous avez prêté
des cheveux,
Combien combattez-vous avec l'épée
dans les calamités...
Combien possédez-vous le cœur, l'œil
et la prévoyance?
Mais, nous ne voulons pas que vous
sonniez...
Nous ne voulons pas que vous
exaltiez la gloire et la victoire... !
Nous ne voulons pas de votre fierté...
C'est comme ça que la tribu m'a
chassé...
La poésie m'agitait, et les poètes
étaient jaloux...
Alors que la tribu m'a jeté...
Et maintenant vous offrez les plus
beaux colliers aux gagnants...

Tu demandes ma tête et mon épée...
Et me voici me réfugier en toi
. Tu ne viens pas me renier...
je suis tombé dans ta poitrine
Ô miséricorde du sein...
J'ai apprécié tes yeux,
Mes cheveux de ta joue brillent...
Je suis venu dans des vêtements
minables pauvres...
Je chante avec mes cheveux à propos
de tous ceux qui sont importants
comme moi
Dans le désert,
Je ne suis pas venu nier la présence,
Ne me livre pas à l'épée de la tribu
Je pense... que tu es le plus beau
collier...
quand je t'ai donné hier
manier des épées

la tête qui se fracasse entre les
mains...
et garde ta porte
Selon moi, je partage mon corps entre
la multitude
beaucoup...
Je sirote mon rhume liquide...
juste pour toi...
J'ai versé de l'eau sur mon visage,
Mes blessures sont guéries pour tes
yeux...
Et la série commence...
crier la nuit,
jusqu'à ce que le lit se brise...
Pénètre dans les forteresses les plus
puissantes...
Et je ne triche pas...
Parce que je t'ai promis
ce matin...
portant mon épée,

cavalier équestre...
C'est ce que je ressens,
Et mon souffle...
et câpres,
C'est ce qui a été
Il m'ordonne de voyager...
Je suis celui qui a émigré...
et joué...
et aventuré...
J'ai perdu...
Je suis parti...
Un jour je changerai pour la plaine...
Un jour j'irai en enfer...
Mon épée... Toutes les nuits mornes
sous lesquelles j'ai coulé.
Toutes les histoires de chevaliers
je me rends compte que c'est faux
seulement ma vérité
Elle a vu les visages de la tribu, et les
poètes...

Ils brillent le visage des poèmes..
Entre Danan la boisson...
Ils n'humilieront que les hommes
honorables sur terre.
Depuis que j'ai émigré...
Mon épée le fera briller sur les petits
visages...
Je rime je le respire dans les coeurs
les envieux...
Les rancuniers, les rancuniers...
Que les pierres tombent
Je construis une clôture et un pylône
avec
De tendresse et d'amour...
Et la rotation claire...
J'ouvre une porte de chaleur pour les
misérables...
Apprenez-leur la douceur de l'amour...
Et ce qu'il y avait entre toi et moi...
"Oh, l'ennemi... le Bédouin."

Sans vous, les âmes sont volées et un
feu de guerre est allumé..."
Ne vous inquiétez pas de mes
voyages...
Et les nuits d'hiver...
La tribu cherche toujours ma tête...
Et les poètes renversent encore de
l'eau sur mon visage...
Ils complotent contre moi...
Je m'en fous plus...
"Il n'y a pas de famille... pas de
tasse... pas de sympathie...
Je ne vivrai pas non plus..."
Je suis celui qui a divorcé du monde
Et toutes les disputes....

*Mourir de vie…

Le disque de la lune était complet au-dessus du nid des poussins à l'extérieur et envoya un rayon, lava son petit visage, elle encercla ses mains autour d'elle à la recherche de sa fiancée, sentit ses traits et sourit quand son doigt fin se posa dans le trou où le l'œil était... Qui les rassemble en ce lieu ?

Seul le toit qui les abrite ici, et peut-être l'un d'eux est-il resté dans la chambre parce qu'il était fiévreux, ou l'un d'eux est resté le ventre gonflé et se tordant plusieurs nuits, attendant de pousser une nouvelle personne à crier pendant que tout le monde dormait... Non elle va manquer Les nombreux visages et la saleté qui font que les petits ont l'air différents, La façon de connaître le garçon de la fille, vous savez qu'elle s'appelle Hayat, et elle maudit la vie..Au milieu du cimetière, se trouve aussi le squelette de la caravane en ruine, qui s'efface peu à peu parmi les tas d'ordures. Un de ses yeux était sur elle, elle essuya sa main sur le visage de la mariée, et planta son doigt à la place de son trou pour les yeux... Elle commença à la contempler avec joie et espoir, la serrant avec force et tendresse, peignant ses cheveux, ses yeux étaient pleins de larmes, ses yeux étaient toujours pleins de cheveux, pleins de larmes. Je l'ai récupérée lors de sa tournée du cimetière, elle était allongée sur le dos, la regardant d'un œil, mais le bruit et le langage ‹ Il y a une terre déserte où les chiens errants rampent, et ils restent tranquillement sans nourriture jusqu'à ce qu'ils soient ignorants ou que la mort leur vienne....

*Trop tard…!

Des voix retentissent parmi les écrivains et intellectuels invités qui ont assisté, l'un d'eux s'est avancé et n'a pas été obligé de voir tout ce qui pouvait le pousser dans une situation difficile, afin de ne pas prêter attention à une impulsion d'attaquer, de fermer les yeux, de faire preuve d'indifférence juste comme les autres, chacun stable dans sa condition, comme s'il était coupé de ce qui l'entoure Ils s'en foutent, confinement total, ils tweetent hors du troupeau de leur solitude, ils savent d'avance ce qui les attend et ce qu'ils attendons avec impatience, il marchait d'un pas lent et lourd.. Il semblait avoir la cinquantaine, et les cheveux gris avaient envahi sa division, et il présente les cartes des membres à ceux qui ne les voient pas... et ce qui courait devant lui a atteint le stade des voix qui s'estompent, la chaleur du souffle ne s'est pas encore refroidie, les voix montent toujours, se mélangent et s'étouffent à ce moment-là... Ils auraient souhaité qu'ils soient des billets de banque au lieu de ce non-sens. .. Tous sont honorés après qu'il soit trop tard...!

*Machine sourde et humaine...!

Enfin, après une longue, fastidieuse et vaine attente dans la file d'attente d'une foule immense devant le guichet automatique, il a décidé de retirer tout son argent, Amal, pour sa famille et pour un groupe de mendiants soudés là-bas sur les bords de la route menant à sa résidence, avec suffisamment de provisions pour les mendiants, leur sang et leur nourriture.

Il tendit la main en essayant d'attraper un nouveau sourire d'un être mythique... Avant qu'il ne révèle ses numéros secrets, il n'en revenait pas quand un mot s'insinua à ses oreilles et le secoua vigoureusement : "Bienvenue à toi, mon amour ! Il jeta un coup d'œil rapide pour s'en assurer, appuya sur les boutons, et soudain l'appareil s'arrêta après avoir jeté la carte avec un

léger anneau, et ses lèvres se fermèrent avec une certaine surprise... ! Il a fermé les yeux comme s'il ne pouvait pas croire ! Puis il fut submergé d'un bonheur indescriptible alors qu'il tirait les billets se précipitant légèrement vers lui...
La douche automatique cette fois était généreusement généreuse avec ce qu'il leur suffisait et leur suffisait, comme s'il les sentait, il le faisait regarder un long et sombre regard et puis il pleurait, voici celui qui a été en l'esprit ...
Ici, les rêves ont tué ses rêves...!
Le guichet automatique, qui est une machine sourde, n'a pas fait preuve de pitié envers l'homme...! pour sa famille et pour un groupe de mendiants soudés là-bas sur les bords de la route menant à sa résidence, avec suffisamment de provisions pour les mendiants, leur sang et leur nourriture.

Il tendit la main en essayant d'attraper un nouveau sourire d'un être mythique... Avant qu'il ne révèle ses numéros secrets, il n'en revenait pas quand un mot s'insinua à ses oreilles et le secoua vigoureusement : "Bienvenue à toi, mon amour ! Il jeta un coup d'œil rapide pour s'en assurer, appuya sur les boutons, et soudain l'appareil s'arrêta après avoir jeté la carte avec un léger anneau, et ses lèvres se fermèrent avec une certaine surprise... ! Il a fermé les yeux comme s'il ne pouvait pas croire ! Puis il fut submergé d'un bonheur indescriptible alors qu'il tirait les billets se précipitant légèrement vers lui...

La douche automatique cette fois était généreusement généreuse avec ce qu'il leur suffisait et leur suffisait, comme s'il les sentait, il le faisait regarder un long et sombre regard et puis il pleurait, voici celui qui a été en l'esprit ...

Ici, les rêves ont tué ses rêves...!

Le guichet automatique, qui est une machine sourde, n'a pas fait preuve de pitié envers l'homme...!

*Désir…

Des rangées d'hommes portant leurs manteaux sur le dos comme des cercueils au loin, gravissant les prés et les collines vers les montagnes, où apparaissent les maisons et les bâtiments blanchis à la chaux. On dirait des vieillards qui se rassemblent là pour dire un dernier adieu, de vieilles portes bleues couvertes de briques vertes et rouges, et il y avait d'autres hommes qui sortaient de ces maisons un à un et ils ne reviennent pas... Un silence lourd qui annonce la naissance d'un orage déchaîné s'accroupit sur les poitrines des autres hommes, disant au revoir... Ils sortirent leurs membres humains qui rampaient encore, et volèrent de leurs ailes brûlées, et ils ne seraient pas partis à la limite du temps...

*Allongé en attendant le cercueil...

Tout est maintenant parfaitement préparé, malgré l'impréparation à cette mort subite... La tombe avait été pavée pour accueillir le nouveau cercueil, et de la terre avait été répandue autour de la tombe, ainsi que les grosses pierres qui s'y étaient accumulées. Une voiture morte arrive immobile, suivie d'un petit groupe de personnes en vêtements blancs qui s'arrête au début du chemin sablonneux, et quand les porteurs mettent le cercueil devant l'ouverture de la tombe il semble que les yeux de toutes les personnes présentes sont fixées sur lui. A côté se trouvait un vieil homme avec son chapeau blanc et sa robe de laine emportée par le vent, et de temps en temps j'observais curieusement ses yeux étroits et brillants braqués sur le cœur de la tombe... ! J'ai senti la sueur couler de moi, et un frisson froid qui m'a atteint les tripes, et je suis resté étourdi à ma place, détournant les regards... Images des gens simples qui passaient en silence mais sans eux... Sans cette vie ils vivaient ou passé... Belle et abondante pluie et roses... La voix des chanteurs m'avait entouré, elle avait touché mon désir qui s'était apaisé, et la fosse avait arrangé ses pierres les unes sur les autres, puis elles se sont dispersées et ont hurlé dans silence, et ils se taisaient, et ils criaient en silence. Ou s'enfuyaient et fuyaient, et ils étaient à jamais protégés par l'oubli, attendant une autre mort...!

*Au bout de quelques heures...

Gris ce jour-là était gris et pâle, et le ciel était clôturé par l'aliénation et le départ, et les feuilles volent et se dispersent comme dans un automne ou un hiver rigoureux.
De la crevaison de la miséricorde des riches ... et de l'intérieur du pipeline, le sol a coulé des atomes de son visage..et il est exporté de ses profondeurs avec un gémissement aigu..ce qu'il était il y a longtemps, et il c'est long, et c'est long... il a essayé de résister, il a crié... personne ne l'a entendu, il a essayé de se souvenir, il s'est absorbé dans la méditation, il a vu des choses que les vivants ne

voient pas, derrière le trou il y a des secrets cachés, il bougea le bout de ses doigts.. il les étendit vers les trous et les graviers. Aussitôt, bouchant le trou comme s'il ne voulait pas revivre à nouveau.. le pouls s'arrêta au bout de quelques heures .. personne n'a fait attention à lui...!

*Eclat...

Les voici maintenant chanter avec la générosité de son cœur, sa magnanimité, sa noblesse, sa générosité et son humanité, il était gentil et doux, il était le maître des hommes et ce qu'il était...!
Je lui dis adieu et endure sa séparation contre ma volonté, et il va là où repose son âme, son visage brillant comme si sa mort était son choix, et son cœur battant de rayonnement et d'amour du bien et les gens ne s'arrêteront pas, et Dieu testaments plusieurs fois !

*Sois comme tu es..

Combien une personne meurt dans cette vie, venant puis mourant plusieurs fois avant le dernier adieu, mon père, que Dieu ait pitié de lui, avait l'habitude de dire que les vrais morts ne sont pas ceux à qui Il leur a montré l'enterrement, mais plutôt les ceux qu'Il leur montrait oubliant, et je vois maintenant que c'était comme ça dans mon cœur, sauf pour les noms de ceux qui étaient au-dessous de moi, c'était toi, toi...!! Vous êtes la provision du jour de voyage promis, un voyageur avec une destination prédéterminée... !

*Un voyageur qui n'avait pas encore décidé... !

Je n'étais jamais passé à côté de lui, je voyais sa sueur laver son visage, tandis qu'il levait sa hache et tombait à terre, je le regardais avec une étrange curiosité, et je m'émerveillais de ces fosses agitées par des stations de fer, où des stations plus sauvages de fer étaient prêts pour eux, Les filets qui étaient prêts pour vous se sont approchés des cimetières, Le visage errant dans le cimetière, ma curiosité m'a porté, comme d'habitude, à regarder son misérable terrassier, et je n'ai vu personne, mais je vu quelque chose d'étrange, une tombe avec un manche de hache martelé dans la tête, et un nouveau visage qui était creusé par un excavateur sur le sol ! Ses mains veinées étaient pleines d'une vie noire et humide, et ses genoux étaient enfoncés dans la boue, il portait ses vieilles bottes hautes... Un voyageur qui n'avait pas encore décidé... !

* Notre dernière étape.

Ma maison était située au milieu de la grande maison, et la grande maison était située près de la place appelée la Place des Martyrs..., et la place s'étendait près de la forêt d'ombres luxuriantes, s'étendant à peu de distance de la mer.. ... et entre la mer se trouve la tombe des pères et entre nous se trouve la grande maison.

Voici le salon familial, notre dernière étape.

* Lorsque les tombes bougent..

Les tombes bougent.. le ciel tombe avec la pluie, le bruissement des arbres s'étire et se répand, un nid chaud parmi les branches, la paille se brise et se disperse, et je ne suis qu'une tombe lumineuse entre l'obscurité du cimetière et les tombes effrayées qui bougent ..pourquoi ont-ils peur ? Il n'y avait que quelques pas entre la forêt et la mer, et le cimetière qui les sépare jette une lumière radieuse en escaladant les ombres étendues des grands, grands arbres, qui ne rêvent plus de la mer...

La couleur blanche rayonnante à l'horizon, brisant les couleurs vertes et bleues, puis disparaissant et se cachant derrière les rideaux de la révérence en l'honneur de ceux qui sont partis, chacun dort contre son gré ici maintenant...! Et je suis le seul ailé parmi ces foules endormies, et j'ai l'impression d'être resté isolé et seul ici, comme s'il ne me restait plus qu'à boire la vie au fond de la mer... et à respirer l'air frais du forêt, et enveloppé dans ses feuilles et couvert de ses fleurs et inhalé le parfum de son parfum, et je me suis déplacé dans ses vents Et je me réfugie comme un tombeau éclairé de sa pureté et de sa pureté.

*Secrets ...

Je regarde le cimetière, et je vois sur les pierres tombales les noms de ceux qui sont passés, j'avertis mes pas d'un endroit à l'autre, je vois la forêt et la mer. La vie dans mes yeux est remplie d'un mélange de richesse, dans une phrase ou un fragment de la bonté "Ceci est une retraite de l'expérience du silence de la vie."

La mer est pleine des voiles de la vie et des secrets, et la forêt, quand elle se courbe comme pour prédire le secret de l'existence, s'étend dans les hauteurs, élevée après le calme des tempêtes et des tempêtes, frappant dans les profondeurs de la terre et de la vie dans les ténèbres et les tendres... Soudain nous nous asseyons dans les bras exigus... devant nous. J'arrache les membres des pensées tronquées éparpillées dans toutes les parties entre la mer et la forêt... C'est un autre lancement pour frapper avec tes ailes le temps captivant...

*Vanité trompeuse

Maintenant... ceux qui sont debout peuvent mourir... et tous les poètes rêveurs, purs et simples peuvent passer de l'autre côté, et ils peuvent mourir parce qu'ils sont doux au sentiment... mais moi, les portes se fermeront moi... sans mots. Quant à la luciole, une autre voie de révélation s'est installée, et elle répand ce qu'elle veut pour échapper à la douleur et à la stagnation... Avant et après le sceau, rien n'a changé, vieillesse, admiration, envie, arrogance, vanité trompeuse, et tout ce qui se passe chez les intellectuels, malheureusement, ressemble à ce qui se passe dans les grottes voisines... Je me suis rendu compte que Le mot culture, qui est étroitement lié à nos vies, s'est liquéfié voire déformé, ou peut-être nous qui J'ai exagéré son sens avec quelque chose de fluidité et de fluidité, j'ai maintenant réalisé que la culture est un acte et non une source. Sinon, malheur au monde des intellectuels s'ils sont devenus corrompus, alors je rassemblerai ce qui reste de ma douleur et de mon désir, et ce qui reste de ma pensée et du cri de mon âme, et je ne pourrais pas être purifié ou débarrassé de, car quelque chose est resté sur ma poitrine...

*Perte...

Le passe-temps de mon frère jumeau n'était ni la lecture ni l'écriture, il n'a pas fait d'erreur et ne le fera pas... et il n'écrira rien, et il ne racontera aucune histoire sur ce qui se passe..., et il ne peut pas adopter n'importe quelle vision, et je ne pense pas qu'il écrira une lettre par surprise, et il est comme si son père n'avait pas écrit un poème de sa vie, si j'avais demandé à sa femme, elle aurait préféré la mort à l'écriture d'une ligne, et non on s'en fout, le poème a commencé à s'éparpiller et à se perdre pour cette petite famille... Encore une fois l'enfant se tue dans mes bras, et je ne sais pas, alors voilà j'ouvre les yeux quand je les ouvre à beaucoup... mais je ne vois personne... Alors j'ai frissonné et je suis parti....

*Débris

Il est assis en faisant du jogging à quelque chose, puis il s'est levé à travers son épave, portant une valise brune et usée, ses yeux une fine brume de larmes se condensant sur ses joues, et les rides de son visage des bouquets de chagrin, semblant violets dans le cadre soleil, mûri à une maturité vermiforme, comme - comme avant - Il sème son rêve dans une terre fertile, afin que sa plantation pousse en paix, le fleuve de l'amour l'irrigue des yeux des simples villageois et des enfants, et ils le récoltent, non et pas de basilic, pas envahi de rancunes, comme si - il a ouvert les voiles de ses bateaux - il essayait de tourner le gouvernail à contre-courant, mais les vagues montent, Il monte, s'éparpille, et sait que traverser le fleuve nécessite hommes, mais le vieil homme voulait-il vraiment se jeter dans le ventre du courant...?!

* Leur choix

Ceux qui sont absents sous la poussière sont plus présents que nous, et ils sont partis sur les ailes du départ, Comme des pierres tombales en leur absence, je leur dis adieu contre ma volonté, et ils vont là où reposent leurs âmes.., Leurs visages brillants étaient comme si leur mort était leur choix, ils étaient des étoiles dans l'obscurité, ils ont quitté l'arène pleine de fausse présence et ont disparu avec quelque chose qui ressemblait à une perte... Mais leur mémoire restera tatouée et rayonnante dans le cœur, car ils ont vécu pour le bien, l'amour et le don, et leur souvenir animera et palpitera le cœur, leurs cœurs palpitant de sincérité, de rayonnement et d'aspiration au dernier des peuples ! Un voyageur a laissé le plus grand impact !!

*Des secrets comme des vagues...

Ce sont deux chemins, le premier m'emmène à la mer, et le second m'emmène au cimetière... Alors je regarde les tombes, j'avertis mes erreurs, je réfléchis à la fin, je m'occupe de l'inconnu, je écoutez l'appel de l'invisible, la mer est pleine de secrets avec ses types, dont les vagues répandent sa vie blanche, Une extension de la vie mortelle passagère, et le tombeau est plein de la vraie vie éternelle exempte de mensonge, un pur vie silencieuse mais révélatrice, voici une réponse et un mordant sûr à toutes mes questions et à ma confusion, et je vois ce qui ne se voit pas, car j'errerai où je veux aller.

* Un visage de bronze…

Un visage de bronze, je me surprends à serrer mon cerveau à plusieurs reprises pour me rappeler où il me faisait face, ou je lui faisais face, ces dents érodées, ce nez large, et cette bouche constamment ouverte, ces deux sourcils recourbés comme un bateau, et les deux yeux sombres sur mes yeux étaient aussi étranges que les deux yeux l'étaient sur eux. Les tables s'empilent à travers les grilles des cafés, après s'être mélangées, puis il regarde les gens assis en souriant, puis il donne des cours de philosophie, de littérature , et histoire... textes et textes de l'introduction, passoire et poésie de poètes romantiques... puis il boit de l'être humain misérable et misérable. Les gens le regardent avec mécontentement, et il se noie de rires et de sourires.. .. Soudain, le serveur abasourdi se jette sur lui, et il continue avec les mouvements incessants de sa main et de sa bouche, alors qu'il enseigne des cours d'arabe et de français et des mots en anglais aussi... il parle constamment, Il répète et répète les formulations, les retourne, puis les répète et les retourne encore, d'un côté puis de l'autre. Il la pétrit, puis la pétrit en une boule forte et aigre qu'il lance à la face des intrus assoiffés qui ne se lassent pas des cannibales. Et de jurer et de se moquer des autres chaque fois que l'occasion se présentait, il agitait alors des mouvements dignes de la position d'un professeur, expliquait-il, puis passait sa main sur sa barbe, puis souriait et souriait avec son index. Puis il arque un de ses yeux comme s'il avait eu une bonne idée, puis revient à son premier état, alors il grogne et calomnie des ennemis imaginaires, et ses malédictions le maudissent. Mais celui avec un visage de bronze devient comme un oiseau foudroyant, il volte comme un fantôme aveugle, ses griffes comme les ongles d'un aigle, puis il a bientôt changé sa forme en ses ailes, et ses ailes sont devenues comme les vôtres. Alors il commença à le dépouiller de ses vêtements, et commença à l'étouffer avec ses griffes acérées qui étaient aussi couvertes de laine, et la rouille émanant des pores de son visage en colère, Des étincelles jaillissent de ses yeux ensanglantés et sa bouche s'embrase du feu ardent qui émanait de ses profondeurs, crachant sur lui comme un dragon, puis il l'étouffe. Il prend le chemin qui ne revient pas à sa marche vers la maison d'injustice, vers celui qui ne revient pas de ses revenus, et dont les habitants ont été privés de la lumière, où la pierre et l'argile, et la terre sont leur nourriture, et ils sont comme des oiseaux couverts d'ailes de plumes, et ils vivent dans l'obscurité complète, ne voyant aucune lumière....

* Un faux pas

Je mets mon chapeau, puis redresse mes pas d'un point, puis les pas s'envolent... Ils tombent successivement, époustouflés par ce qu'ils ne réalisent pas, et le cœur s'arrache de sa place, se réjouit et se recroqueville et trébuche à l'adieu! Puis il a été bloqué par une écurie qui efface le coeur dans le coeur, écurie dans laquelle je demande la lettre de départ et la lettre du sceau, donc je demande la durée... Cependant, un faux pas peut me jeter dedans l'air habile, mais l'insignifiance de l'insignifiance, et l'insignifiance du saké, n'entend pas atteindre ....

*Juste des illusions

C'était son dernier jour ici avec nous, un autre papier qui se plie à jamais, personne ne l'a rendu heureux jusqu'au dernier au revoir, le bord de la mer, le dernier souffle, je n'avais plus que son beau souvenir, sa seule photo au mur , , personne ne sent sa dépression dans ses yeux, Elle le porte... chantant ses désirs dans les fenêtres des fenêtres... comme si l'un de nous ressemblait à l'autre. Il n'aimait pas grimper aux sommets ou faire de la voile, mais il aimait la mer et marchait près d'elle, et suivait le coucher du soleil jusqu'au point le plus éloigné, chaque goutte. En vain il a essayé de sortir, en vain il a essayé de panser les blessures, mais les vents viennent sans désir...

Il n'a pas beaucoup dormi dans ses derniers jours, il s'est allongé dans ses chaussures trouées et il était toujours prêt, car il rêvait d'amour et de voyages lointains...

*Son beau souvenir…

C' était son dernier jour ici avec nous, un autre papier qui se plie à jamais, personne ne l'a rendu heureux jusqu'au dernier au revoir, le bord de la mer, le dernier souffle, je n'avais plus que son beau souvenir, sa seule photo au mur , personne ne sent sa dépression dans ses yeux, Elle le porte... chantant ses désirs dans les fenêtres des fenêtres... comme si l'un de nous ressemblait à l'autre. Il n'aimait pas grimper aux sommets ou faire de la voile, mais il aimait la mer et marchait près d'elle, et suivait le coucher du soleil jusqu'au point le plus éloigné, chaque goutte. En vain il a essayé de sortir, en vain il a essayé de panser les blessures, mais les vents viennent sans désir...

Il n'a pas beaucoup dormi dans ses derniers jours, il s'est allongé dans ses chaussures trouées et il était toujours prêt, car il rêvait d'amour et de voyages lointains....

*L'heure des adieux.

La pluie tape sur la vitre... Comme un oiseau sauvage... Votre cœur danse pour la joyeuse surprise... Vous courez vers la fenêtre... Vous l'ouvrez pour la pluie... Vous regardez votre visage et répandez comme une voile rieuse au vent... Le froid t'assaille et puis la boue tombe sur ton visage et tes mains, tu réalises que la pluie est sur ton visage et tes mains Ta pureté a été volée.. tu fermes ta fenêtre et reviens .. la voix de ton amant revient douce et dansante cette fois, se réjouissant de la pluie sous laquelle elle a vu ce qu'elle n'a pas vu .. et ce que les autres n'ont pas vu, elle dit comment je souhaite marcher avec toi dans les rues , nous étendons nos visages aux embruns, nos coeurs s'ouvrent à l'amour, et nous ouvrons dans un mur La tristesse est une fenêtre sur la joie, et nous purifions avec amour l'heure des adieux, car demain chacun de nous ira de force avec le vent , demain chacun de nous suivra son propre chemin, alors soyons purifiés avec amour à l'heure des adieux.

*Ses profondeurs...!!

Il y a un autre moi en lui, celui-ci le tirant si fort comme s'il ne pouvait plus respirer, l'entraînant, l'attirant à l'intérieur, au fond de lui avec force et sans relâche, il cria de toutes ses forces, et l'écho derrière lui répondit...

Il plonge, arrachant les clous qu'elle avait plantés autour de son cou jusqu'à ce que son âme ait failli mourir... Elle le regarda en haussant les épaules de l'intérieur de ses yeux exorbités, et il ne l'aurait pas vu dans ses profondeurs...!! Avec beaucoup de méfiance et de délire, il demande : Pourquoi ce grand bâtiment est-il sans porte ni ouverture ? Comment avez-vous trouvé ici ? Comme s'il s'agissait d'un monde sans issue, emprisonné en lui et encerclé de toutes parts, rappelant les gribouillis et les lignes d'ombre dont ses murs ont longtemps été les témoins, vidant sa destruction intérieure, et crachant en lui ses gémissements fébriles, mais sa brillante la lumière qui efface et dissipe les ténèbres venait d'en haut....

*Lueur de lumière

Enfin elle menait à un coin qui reflétait la lumière supérieure, il y avait un trou, qui la menait vers le bas, dans une zone rocheuse, mais il y avait un grand nombre d'arbres épais qui n'avaient pas de fin, et il n'y avait aucun moyen de faire signe dans n'importe quelle direction ! Alors il est allé profondément... jusqu'à ce qu'il trouve un couloir et y entre, dans un chemin graduel vers le bas, rampant sur ses mains et ses pieds, suivant une lueur de lumière et d'air, jusqu'à ce qu'il soit submergé par la fatigue, puis il a dormi pendant un longtemps, longtemps. .!!

Pendant ce temps, ses intentions s'arquèrent vers l'intérieur lorsqu'il entendit une voix crier du plus profond de lui-même : Où te cachais-tu ? Rénovez votre intérieur déserté et sortez !!

* Une fenêtre orpheline

Prisonnier dans ce château, prisonnier je resterai, ... prisonnier dans ce château, prisonnier je resterai, jusqu'à ce que tu nous rendes justice si tu veux, mes miroirs de la mer, et mon palais de rosée, prisonnier je restera dans ce château, Sept fenêtres au vent. Oups, six fenêtres sur le vent ! Ne me demande pas, mon œil doux, allume ton feu dans mon foyer, mon château rugit de neige... Je me souviens de cinq fenêtres au vent qui sont sans fenêtres, qui crie au nord, mon amour ? La rivière qui coule en force, et ces vagues de la mer vont et viennent, entre les marées, remplissent ma maison de bien-être, mais maintenant deux fenêtres au vent, qui soupire à l'est, ma douce ? Tu es le même là où tu serpentes, les fenêtres sont une fenêtre orpheline qui regarde vers le vent, qui gémit vers l'ouest, toi ? Je suis le mort-vivant qui vient chez vous, pour rien, je suis jeté ici !!!!

*Je ne reviendrai pas...!

Le rêve se brise dans tes yeux, des éclats d'étincelles, le murmure ivre faiblit, dit-elle et marcha, dit-elle encore, sans embrasser notre rêve qui était là dans le noir, maintenant elle marche sans parapluie ni lune... Elle dit et dit... Et je n'ai pas dit un mot, mais la pluie Le flux inonde mon corps, le sang est comme de la glace, le silence me serre, et je continue à marcher. Moi désormais : je n'y retournerai pas et je ne dirai pas un mot...

*Je me souviens de toi

Maintenant je te le rappelle, mon étoile s'élevant des yeux de l'invisible ! Je me souviens de toi quand tu étais une pleine lune dans la nuit de l'enfance, et tu étais un soleil levant prophétique Je me souviens de toi assis à côté de moi, alors que j'étais sur mon lit de malade. Comme un cheikh soufi qui fait sa dernière volonté d'exterminer ses livres et de les brûler au feu, ou de les analyser dans l'eau, et que ce qu'il a produit ne sert plus à rien, les beaux contes et tours sont devenus un vrai diable, mais tous ont péri, et les héros de leurs narrateurs s'accrochent aux fils des poupées, non à cause de ce qu'ils contiennent de marchandises, de bijoux et de choses précieuses, mais parce que le monde dans lequel il va se dissoudre ne le supportera pas, parce que la réalité a devenir plein de nombreuses déformations et rides, et les meilleurs cosmétiques ne sont plus en mesure d'effacer son sang.

*Mon ami qui est parti

Puisque mon ami a dit son mot et est parti, et qu'aucune trace de lui n'est apparue... Il était sorti et n'est pas revenu... J'ai demandé le moment de l'horloge suspendue au milieu du hall, dont les aiguilles se sont arrêtées un instant. pendant ce temps, puis j'ai posé des questions sur lui dans les gares et j'ai demandé demain... et il n'est pas venu. Je l'ai cherché dans les allées, dans les ruelles et les coins, dans les massifs du parking, dans les bois, dans les rues bondées de la ville, dans les ruelles et le bord des routes, dans les jardins et dans les couloirs, au-dessus et sous le sol, j'ai cherché longtemps, longtemps et longtemps ... Dans les cris, les gémissements, les sifflements et les pépiements, j'ai demandé à propos de lui les jours passés dont je n'ai rien obtenu, et j'ai demandé à son sujet le retours, les amuse-gueules dans lesquels je ne laisserai rien, et pour lesquels c'est le début, j'ai demandé à chaque étranger et résident, j'ai demandé à chaque venant, touriste et pèlerin, on a dit qu'il ne passait pas d'ici, j'ai demandé et J'ai demandé et j'ai demandé... Et à la fin, pourquoi j'obtiens une réponse, personne n'a pu me la révéler, et personne ne m'a répondu, ils ont tous disparu... Puis ils sont allés au cimetière... .

*Sa voix qui m'appelle partout

Je n'entends rien d'autre que sa voix qui m'appelle partout où je tourne les yeux, ses paroles résonnent en moi comme le tonnerre, et tournent comme un tourbillon dans ma tête... Que je mets dans la paume de mes mains, comme si je cherchais salut, cherchant quelqu'un pour arrêter ce bruit mixte de voix appelant et se terminant au bout de mon cœur ... Cependant, c'est ce qui reste de mon désir et de mon désir, et ce qui reste de mes pensées et du cri de mon âme, et je n'ai pas pu être nettoyée ou débarrassée, car quelque chose est resté sur ma poitrine... Alors me voici à la recherche de quelqu'un pour arrêter ce bruit mêlé de voix dans ma poitrine. Mon esprit, mes feux se sont enflammés....

*Dites au revoir

Deux hommes que je ne connais pas, l'homme à la barbe touffue que je n'ai jamais vu, l'homme majestueux aux traits qui me font mal, et le chauve, dont le visage ne m'est pas étranger... Les doigts d'une jeune fille se caressent une cigarette terrifiée, apparemment des hommes, se tordait, s'inclinait, se ratatinait, s'éparpillait, s'éparpillait. Elle fréquentait le début d'une nuit de clair de lune..., au milieu du sang, des sacrifices, des youyous, des cheveux tombants, du rythme des tambours, et des "Qurayba ", et le son de "Hajhuj" mêlé aux chants de "Ayat"... C'est elle qui l'a vue danser sur le feu sans se brûler les pieds nus et teints, Elle a bu de l'eau bouillante et de la fumée s'échappait d'elle coeur..., alors que nous étions assis par terre près d'un feu bourré de flammes, les yeux de squash brillant dans mes profondeurs, je sens le temps m'en arracher, et mon large horizon se fait vieux, je sais maintenant à quel point il était dur , et combien de jours il a perdu pour réparer ses erreurs, et c'est lui qui Il ouvre une boutique au milieu du marché bondé de vendeurs et d'orfèvres et d'orfèvres, et il n'y a rien dans la boutique mais un téléphone qui entre pour utiliser il y reste quelques minutes, et allume la lampe, puis referme la porte vitrée et s'en va, et personne ne sait le besoin qu'il a caché en lui, et personne ne parle des gens sauf des chauves, des tendus, des curieux, partout. Cela augmente leur détresse et leur confusion à chaque fois Yen, il a toujours envie d'acheter un immeuble à chaque fois, de le fermer et de partir, voyez d'où vient cet énorme argent ? Et cet argent qu'il verse sur Saba, sa femme, son fils, son beau-frère, et tous les gens ont l'esprit dans la confusion, ils s'écartent, ils composent des pèlerins, ils deviennent fous, et la calvitie tous les jours est dans un affaires, que ce soit avec les djinns et les orcs et peut-être un génie ou un anneau magique ou un trésor, il y a beaucoup de mots, et personne ne sait ! Mais les deux hommes que je connaissais parlaient de la septième nuit et de la lune, et de ceux qui sabrent les honneurs et gagnent..., et des cannibales, et l'homme à la barbe épaisse attirait l'attention avec son bavardage public incessant, et d'une voix forte, comme s'il parlait à tous ceux qui étaient présents en cette présence, je savais qu'il s'appelait." Allal et son ami Salam, devinrent riches en un clin d'œil, mais les yeux des enfants d'Adam sont impitoyables, et les voici pour se soigner, rien et rien; Un visage que j'avais vu un jour, allongé dans un café, maudissant les amis et le temps passionné, et était sombre et triste, et on disait qu'il avait résolu d'avoir un morceau dans la lune, et la tristesse avait longtemps duré, et quand je venu lui apporter la bonne nouvelle et le journal, je n'ai vu qu'une chaise cassée aux pieds épars, puis j'ai interrogé le gros bâtard sur lui, et il a dit qu'on ne connaissait aucune trace de lui, peut-être qu'il est mort ou s'est suicidé. ..!

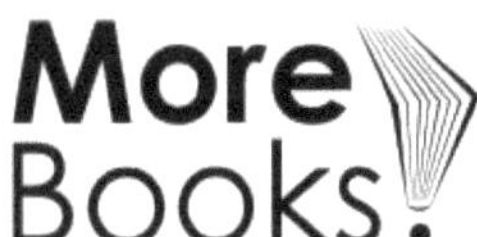

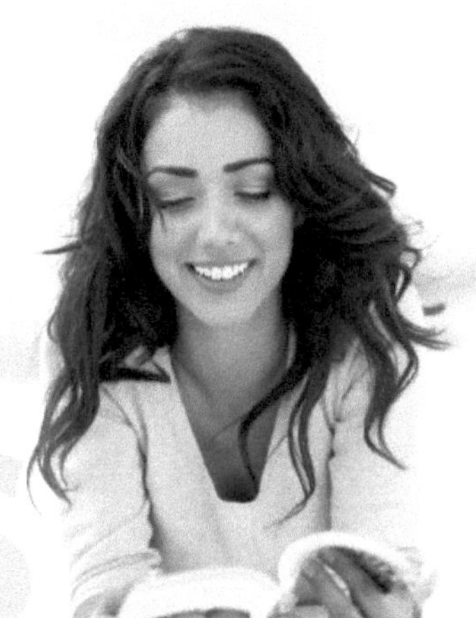

yes
I want morebooks!

Buy your books fast and straightforward online - at one of world's fastest growing online book stores! Environmentally sound due to Print-on-Demand technologies.

Buy your books online at
www.morebooks.shop

Achetez vos livres en ligne, vite et bien, sur l'une des librairies en ligne les plus performantes au monde!
En protégeant nos ressources et notre environnement grâce à l'impression à la demande.

La librairie en ligne pour acheter plus vite
www.morebooks.shop

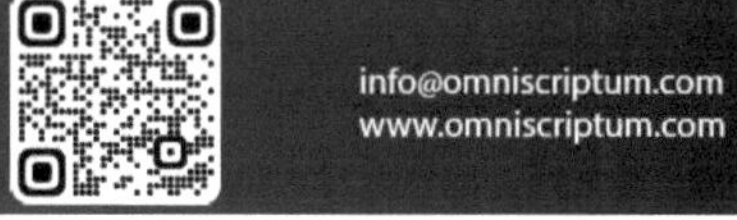

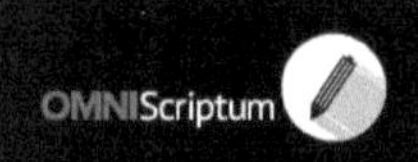

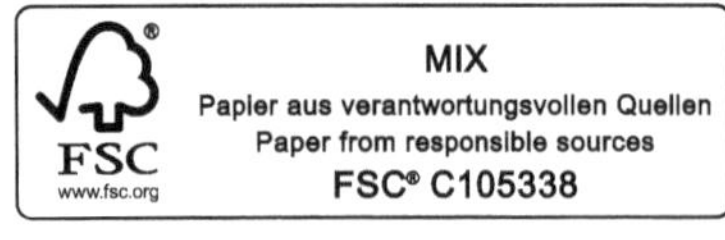

Printed by Books on Demand GmbH, Norderstedt / Germany